HÉLOUIS

DE LA FEMME ARABE

AVANT ET APRÈS L'ISLAMISME

CONFÉRENCE

PAR LE

F∴ HÉLOUIS

Membre de la R∴ L∴ *la* Const∴ Am∴

(Ten∴ Solen∴ du 10 Mai 1889)

PARIS

PAPETERIE-LIBRAIRIE J. MAUPAS

14, rue des Carmes, 14

1889

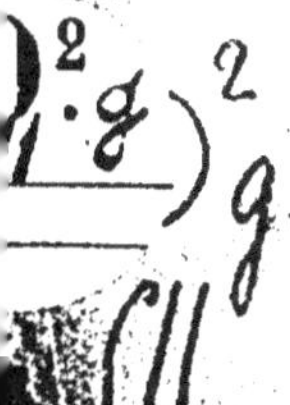

DE LA FEMME ARABE

AVANT ET APRÈS L'ISLAMISME

T∴ C∴ V∴ ET TT∴ CC∴ FF∴,

La lecture que le F∴ Legrand a bien voulu nous faire de l'intéressant rapport qu'il a consacré à la critique du projet de loi relatif à la séparation des Eglises et de l'Etat, ainsi qu'à la suppression du Concordat m'avait, dans le premier moment, suggéré la pensée de vous soumettre mes idées personnelles sur la deuxième partie de ce programme libéral. Mais j'ai dû, au moment de prendre la plume, céder à des considérations qu'il ne sera peut-être pas sans intérêt de vous faire connaître parce que, tout en étant profanes par certains côtés, elles ont principalement un caractère maçonnique.

Modeste agent d'un Ministère où le maintien du Concordat fait en quelque sorte partie de traditions séculaires dont l'ancienneté est la plus grande force, il ne me serait pas interdit, il est vrai, d'avoir mes préférences pour une action diplomatique plus soucieuse des aspirations modernes. Je pourrais même essayer, quoiqu'indigne, de prendre à mon tour la parole dans un débat où j'aurais tout d'abord contre moi le souvenir de la puissante intervention d'un de nos frères les plus regrettés, de Gambetta lui-même. J'aurais même poussé la présomption jusqu'à prendre à partie ce redoutable joûteur, si nous avions le bonheur de le posséder encore au milieu de nous, parce que j'aurais peut-être eu la satisfaction de le voir partager une conviction que mon long séjour en Orient m'a permis de me former sur ces intéressantes questions. C'est cette conviction que je vous aurais déjà fait connaître dès notre dernière réunion, si j'avais eu la certitude que les travaux auxquels nous nous livrons et les discussions qu'ils font naître ne dépassaient pas le seuil de nos temples ; mais il n'en est malheureusement pas ainsi, et des incidents trop récents nous démontrent que l'obligation que nous prêtons de ne pas dévoiler les secrets de la franc-maçonnerie n'est qu'une vaine formalité pour certains de nos frères. Il y a dans cet oubli des principes fondamentaux de notre fédération une tendance des plus fâcheuses contre laquelle je ne saurais m'élever avec trop d'énergie. En effet, la divulgation de nos travaux au monde profane peut créer à plusieurs d'entre nous les plus graves difficultés et c'est parce que j'ai le sentiment très net des conséquences que pourrait entraîner pour moi une semblable indiscrétion que je me suis surtout abstenu de traiter la question du Concordat.

Mais, de mon abstention forcée en cette matière ne saurait résulter pour moi une excuse afin de ne pas prendre la parole ce soir.

Je vous demande donc la permission, TT∴ CC∴ FF∴, de donner une suite à l'étude que je vous ai lue à notre avant-dernière tenue en vous entretenant aujourd'hui du « Rôle de la femme arabe avant et après l'Islamisme ».

Nous retrouverons dans cette rapide excursion à travers des mœurs qui ne sont guère connues des enseignements précieux pour des esprits libres qui savent, comme dans la franc-maçonnerie, faire profiter le présent des exemples si instructifs du passé.

En voyant à quel degré d'infériorité et d'avilissement est tombée la femme arabe depuis l'islamisme, on a peine à se figurer le rôle important qu'elle a joué, il y a treize ou quatorze siècles, dans les relations sociales de ces fiers habitants du désert. Comment avait-elle pu parvenir à exercer une telle influence et comment s'en est-elle vue déchoir ? Pourquoi a-t-elle brillé d'un si vif éclat autrefois pour s'étioler aujourd'hui dans l'atmosphère étouffante d'un harem ? Tel sera, TT∴ CC∴ FF∴, le résumé du travail dont je vais avoir l'honneur de vous donner lecture.

La femme arabe, aux temps de l'idolâtrie, jouissait de la plus haute et de la plus légitime considération. Habituée, dès son enfance, à mener la même existence que les hommes, elle s'appropriait bientôt les mêmes connaissances qu'eux. Mais que pouvait être l'instruction dans un pays où l'écriture était inconnue, où nul maître ne donnait de leçons et où la tradition orale était la seule école ouverte aux gens avides de science ? Assise à l'écart, auprès de ses compagnes, la femme arabe assistait à ces interminables veillées où, tour à tour, auditeurs attentifs et narrateurs infatigables, les membres de sa tribu venaient faire les récits les plus variés et les plus émouvants. Là, elle apprenait la longue généalogie de ses ancêtres, on voyait revivre dans son esprit charmé tous les héros dont les noms et les belles actions se conservaient pieusement à travers les âges et formaient en quelque sorte le livre d'or de sa famille. Là, elle entendait faire en traits éloquents ou satyriques, l'appréciation des hommes et des femmes, de leurs qualités morales et physiques ; après la description d'une chamelle à la mamelle intarissable venait l'éloge d'un généreux coursier auquel succédait bientôt la peinture animée des horreurs du combat ou des joies et des peines de l'amour. Bien vite elle savait retenir tous ces enseignements qu'à son tour elle embellissait de son goût délicat et de ses expressions choisies. Les beaux parleurs n'avaient plus le monopole des récits captivants. Les femmes et les jeunes filles se mêlaient à ces tournois littéraires dont la principale attraction résidait dans la magie des beaux vers et elles y remportaient souvent les plus brillants succès.

Chacun acquérait ainsi un talent poétique remarquable.

A la femme étaient réservées les élégies prononcées en l'honneur des membres de la tribu tombés sous les coups de l'ennemi, les descriptions touchantes des peines de la séparation et des joies de la famille. Grâce à cette éducation littéraire si remarquable chez un peuple dont les mœurs étaient, sous tant de rapports, empreintes d'une profonde barbarie, la poésie atteignit, dès sa naissance, sa forme la plus accomplie et il est vraiment surprenant de voir à quel rare degré de perfection elle a été portée d'instinct par des hommes qui, je le répète, ne savaient même pas écrire.

Cet hommage incessant rendu à la poésie avait fait de celle-ci un des facteurs les plus importants de la vie sociale des anciens Arabes. Aussi rien n'était-il plus commun qu'un héros poète, et comme généralement tous les poètes doivent à l'amour leurs plus gracieuses inspirations, nous voyons toujours les sombres tableaux des horreurs du combat et les récits les plus gais débuter par l'évocation de la dame des pensées du poète.

Placée ainsi au sommet du monument d'admiration que les Arabes avaient élevé à la poésie, la femme était l'objet des plus ardents témoignages d'adoration et des plus respectueuses marques d'estime. Qu'avait-elle donc fait pour mériter de pareils honneurs ? C'est ce que nous allons voir en la suivant dans les diverses phases de son existence. Je citerai en passant quelques anecdotes, puisées dans les auteurs orientaux, qui dépeindront, mieux

que je ne saurais le faire, les différents aspects de ces figures aussi
étranges qu'attrayantes.

Au campement, la femme arabe vaquait aux multiples soins de
son ménage nomade. Après avoir pourvu aux besoins de ses nombreux troupeaux, elle surveillait la cuisson des aliments, tissait
tous les vêtements de sa famille et soignait les blessés que rame-
nait toujours le parti de cavaliers lancé à la poursuite d'un riche
butin. Mais elle s'occupait surtout de l'éducation de ses enfants.
C'est au milieu de ses travaux domestiques qu'elle trouvait le
temps d'inspirer à son tour à ses fils et à ses filles les beaux sentiments qu'elle avait entendu louer la veille dans l'assemblée de la
tribu.

Pour compléter ce tableau de l'éducation primitive mais essen-
tiellement morale que recevait la femme arabe, voici la traduction
des conseils qu'une mère idolâtre adressait à sa fille au moment
de la remettre à l'époux que celle-ci avait agréé : « Ma chère en-
« fant, s'il était inutile de rien recommander à qui a les avanta-
« ges et le mérite d'une éducation et d'une instruction éclairées,
« certes c'est à toi qu'il serait inutile de rien recommander. Les
« conseils rappellent l'esprit léger à la réflexion ; mais ils sont
« aussi un secours et un appui pour l'esprit intelligent et sérieux.
« Si la femme, mon enfant, n'avait pas besoin de se marier,
« parce que son père et sa mère sont dans la richesse et l'abon-
« dance, parce qu'ils voudraient de tout leur cœur la garder à
« leur amour, certes toi, plus que personne au monde, tu pourrais
« t'abstenir de choisir un époux. Mais les femmes sont faites pour
« les hommes et les hommes sont faits pour les femmes. Tu vas
« abandonner pour toujours la famille qui t'a vu naître ; tu vas
« quitter le nid de bonheur et de paix où tu as essayé tes pre-
« miers pas dans la vie, pour une demeure que tu ne connais pas,
« pour un compagnon que tu n'as pu encore bien juger.

« Respecte et reconnais son autorité ; sois sa servante ; il sera
« ton serviteur empressé. Mets-toi en harmonie de calme et de
« contentement avec lui. Que jamais son œil ne rencontre en toi
« rien de répugnant ou de laid ; que son odorat n'aspire jamais de
« toi qu'une odeur réjouissante. Soigne et surveille sa demeure
« et ses biens. Sois prévenante et complaisante pour lui, pour
« ceux qui l'entourent, pour sa famille. Ne divulgue jamais un
« seul de ses secrets et garde-toi de toute résistance en quelque
« chose que ce soit. Car, si tu dévoiles ses secrets, tu t'exposes
« à ce qu'il te trompe et trahisse aussi ; et si tu résistes à sa vo-
« lonté, tu lui mets le feu dans l'esprit. Dans les capricieux et

« multiples détails de la vie, évite bien d'être joyeuse lorsque ton
« mari est triste et de paraître attristée lorsqu'il est gai, car alors
« la joie humilie et la tristesse amène le trouble. Efforce-toi tou-
« jours d'honorer et de grandir ton mari et lui ne manquera pas,
« à son tour, de te traiter avec dignité. Plus tu seras en accord
« parfait avec lui, plus il aura de longanimité et de condescen-
« dance pour toi. Enfin, ma chère enfant, ne te donne point ce que
« tu aimes et ce qui te plaît avant d'avoir adroitement amené la vo-
« lonté de ton mari à être conforme à ton désir ».

Ces conseils aussi sensés que pratiques ne seraient certes pas
désavoués par le plus sévère moraliste de nos jours et ils font en
tout cas preuve d'une parfaite connaissance du cœur humain.

Voyons maintenant quels étaient les résultats de cette éducation.

Une jeune fille a mérité de passer à la postérité par la supériorité de son intelligence et la rectitude de sa logique. Son père
était juge et chef suprême de sa tribu. On venait de tous les
points de l'Arabie soumettre à sa sagacité et à son expérience les
questions ardues et les affaires difficiles. Devenu très vieux, il
n'en était pas moins l'oracle révéré de la sagesse et de la justice ;
mais à la fin son esprit s'affaiblit et sa perspicacité s'émoussa ;
plusieurs fois il lui arriva de commettre des erreurs dans ses déci-
sions. Un jour sa fille, qui, autorisée par son père, écoutait toujours, derrière un voile, les discussions des affaires, lui dit :
« Mon père, la sentence que tu as portée aujourd'hui est enta-
« chée d'erreur. — Eh bien, ma fille, dit le vieillard, quand dé-
« sormais tu t'apercevras de quelque défaillance dans mes juge-
« ments, frappe un coup de bâton ». De ce jour là, toutes les fois
qu'il entendait le coup de bâton retentir sur le sol, il ranimait son
attention, réveillait son esprit et jugeait équitablement.

D'autres se sont fait remarquer par la vivacité de leur esprit et
leurs définitions pittoresques, telles que celle à qui on posait les
questions suivantes : Quel est le meilleur homme ? Quelle est la
femme la plus déplaisante ? et qui y répondrait ainsi : le meilleur
homme est celui à qui on demande et qui ne demande jamais ; qui
ouvre sa table à tous et ne court jamais à celle des autres ; qui
ramène la paix entre ses frères et qui n'a jamais besoin de la re-
cevoir. — La femme la plus déplaisante est celle qui, priée de
parler, se tait et qui, invitée à se taire, parle.

On trouve également chez les femmes arabes des traits d'une
énergie extraordinaire qui nous permettent d'apprécier sainement

la puissance du charme qu'elles exerçaient sur leurs contempo·
rains.

. Une jeune esclave venant prendre en prison la place de son
maître condamné au dernier supplice et payant de sa vie son ad·
mirable dévouement, n'est-ce pas là une abnégation de soi-même
vraiment héroïque dont on retrouverait certainement bien peu
d'exemples dans l'histoire.

. Le courage n'était pas, d'ailleurs, une de leurs moindres vertus:
un roi arabe, pour venger la mort de son frère tombé victime d'un
assassinat, entreprend de s'emparer d'un de ses ennemis personnels
sur qui il veut faire tomber la responsabilité du crime. L'Arabe,
prévenu à temps, s'enfuit, mais se voit contraint d'abandonner sa
femme qu'une grossesse avancée mettait dans l'impossibilité de
le suivre. Le roi la fit saisir et amener devant lui. Qu'est devenu,
lui crie-t-il, ton mari, ce lâche meurtrier? Je le sais, lui répondit
la noble femme, mais dût le glaive de ton bourreau m'ouvrir les
entrailles et me tuer en même temps que mon enfant, je ne subi-
rai jamais la honte d'une si infâme trahison. Sa sinistre prédic-
tion fut réalisée et la malheureuse fut aussitôt éventrée.

Les femmes connaissaient aussi tout le prix d'une réputation
sans tache et préféraient souvent la mort à la possibilité d'un
soupçon. Fatima, fille de Kourchoub, épouse de Ziad, fut un jour
faite prisonnière par un ennemi de sa tribu. Il dirigeait déjà vers
son camp sa captive et le chameau qui lui servait de monture,
lorsqu'elle lui dit : —Tu vois cette colline qui s'élève devant nous;
si tu m'emmènes au delà, il n'y a plus de paix possible entre toi
et les fils de Ziad, parce qu'une fois qu'elle nous cachera aux re-
gards, le monde pensera ce qu'il voudra : or un seul propos sur
mon compte est pour moi et mes enfants l'équivalent de l'infamie.
—Il faut te résoudre, lui répondit-il, à faire paitre mes chameaux.
Une fois assurée que la résolution de son ennemi était inébran-
lable, Fatima se précipita la tête la première du haut de son chameau, aimant mieux que ses enfants eussent à déplorer sa mort
qu'à concevoir un soupçon sur sa vertu.

Malgré cette réserve et ce souci constant de leur bonne réputation, nos héroïnes oubliaient toute retenue et faisaient litière de
leurs scrupules les plus chers dès qu'il s'agissait de la gloire, de
l'intérêt, du salut de la tribu. Comment ne pas admirer, par exem-
ple, le sauvage enthousiasme de ces deux amazones intrépides
qui, voyant les leurs faiblir dans une rencontre dont le résultat
devait être pour eux une question de vie ou de mort, n'hésitent

pas un instant, se dépouillent à la hâte de leurs vêtements, se précipitent toutes nues au milieu des ennemis, en promettant leurs corps à ceux qui sauront les y venir chercher et qui réussissent par cet acte de folle mais courageuse impudeur à assurer la victoire à leur parti.

Défendre une femme, la protéger contre toute insulte, venger celles qu'elle avait reçues étaient pour les Bédouins du désert de stricts devoirs et c'était pour les accomplir en toute conscience qu'ils se livrèrent des combats dont le nombre est incalculable et entreprirent des guerres dont quelques-unes durèrent plus de vingt ans. Mais, si la défense de son honneur déchaînait, pour de longues années, les horreurs et les calamités des luttes fratricides, la femme savait aussi user de son influence pour calmer par une politique adroite ces passions effrénées et ramener par d'habiles et touchantes manœuvres la paix et la tranquillité dans ces cœurs altérés de vengeance.

Une guerre sanglante régnait depuis longtemps entre les Benou Abs et les Benou Dhobyan. Un mariage eut lieu parmi ces derniers. Le mari, Harith, était un des chefs les plus riches et les plus influents de la tribu ; la jeune Haniça avait un père de non moins noble origine, mais était par sa mère apparentée à la tribu ennemie. Le soir des noces, l'épousée est conduite par sa mère chez Harith qui vient aussitôt la trouver. Quelques instants après, il sort et un de ses amis, nommé Kharidja, vient lui demander s'il est l'heureux époux de la belle Haniça. Non, lui répondit-il, elle n'a pas voulu condescendre à mes vœux et m'a demandé de ne pas user de mes droits si près de son père et de sa mère. En même temps, il faisait abattre les tentes, charger les chameaux et se mettait en route suivi de sa femme et de son ami. On chemine quelque temps, puis Kharidja prend discrètement les devants ; Harith s'écarte avec sa femme de la route. — Eh bien ? lui dit son ami lorsqu'il l'eut rejoint. — Eh bien, elle a refusé de céder, en me disant que je la traitais comme si elle était une esclave ou une captive faite à la guerre. Elle veut que ses noces soient célébrées par un nombreux concours d'Arabes ; elle veut qu'on offre des victimes, qu'on égorge des chamelles, qu'on traite toute la tribu en son honneur. Les deux amis arrivèrent enfin. On invita la tribu, on égorgea des chamelles et la jeune épouse, cette fois, ne se montra pas plus humaine.

Quoi donc, dit-elle, avez-vous assez peu de noblesse dans l'âme pour songer aux plaisirs de l'amour lorsque les Benou Abs et les

Benou Dhobyan se livrent depuis si longtemps à toutes les fureurs de la guerre. Rétablissez la paix parmi eux et voyez en moi votre récompense.

Telle fut l'origine de la paix, et la gracieuse et aimable intervention d'une jeune fille mit fin en quelques heures à des haines entretenues par quarante années de combats.

Un des profits les plus incontestables que les femmes arabes retiraient de cette situation privilégiée était de jouir d'une égalité absolue dans leurs rapports avec les hommes. Avant l'islamisme personne n'avait encore proclamé dans le désert la supériorité d'Adam sur Ève ni la faute de la première femme. L'équilibre des éléments générateurs de la famille existait donc dans son intégrité. Les époux ne s'interpelaient jamais autrement que par cette apostrophe imagée : toi qui es à moi. On ne saurait mieux rendre, sous une forme saisissante dans sa brièveté, la haute conception morale des devoirs réciproques des époux.

De cette égalité avec l'homme résultait pour la femme arabe un autre avantage dont elle se montrait, avec juste raison, fort jalouse. Elle était toujours laissée libre de choisir l'époux qui lui plaisait. Comme les relations entre jeunes gens étaient assez difficiles, elle avait recours aux interrogatoires par intermédiaires pour juger de l'esprit du prétendant et savait s'enquérir adroitement de ses mœurs, de son courage, de sa générosité et des autres qualités qu'elle voulait trouver dans son futur mari. Mais ce qu'elle recherchait avant tout, c'était la vigueur et la santé unies à une belle prestance. Cette importance qu'elle attachait aux qualités physiques ne donnait lieu à aucune interprétation maligne parce qu'on savait bien que la femme était surtout guidée par l'espoir légitime d'avoir ainsi des fils robustes et des filles saines dont elle pût s'enorgueillir un jour. Les deux parties s'étant convenu, le mariage se faisait rapidement, car les parents n'y apportaient jamais le moindre obstacle, persuadés que leurs enfants, malgré leur inexpérience, étaient encore les meilleurs juges des conditions dans lesquelles ils voulaient vivre.

On ne voyait point alors de ces unions dites de convenance par lesquelles des parents, que leur cupidité rend aveugles, ne songent qu'à assurer les intérêts matériels de la vie commune, sans paraître se douter qu'à côté ou plutôt au-dessus de ceux-ci en existent d'autres d'une nature bien plus élevée et dont la méconnaissance entraîne à bref délai les plus graves dissentiments et les

plus tristes conséquences, quand elle ne conduit pas au déshon-
neur et au crime.

Les hommes aussi ne cherchaient dans le mariage que l'union
de deux âmes et deux corps et ne s'inquiétaient guère de savoir
si la jeune fille qu'ils désiraient épouser avait une grosse dot ou
des espérances. Pourvu qu'ils fussent édifiés sur la beauté et la
douceur de caractère de leur future compagne, ils ne comptaient que
sur eux-mêmes pour assurer la prospérité de la nouvelle famille
dont ils allaient devenir les chefs.

Cette élévation de sentiments a donné à l'amour chez les Arabes
un caractère vraiment remarquable de pureté et d'émotion qui
nous fera mieux comprendre une particularité très curieuse de
leurs mœurs. Sans aller encore jusqu'à la conception parfaite de
la recherche de la paternité, les usages voulaient qu'en cas de séduction, le séducteur seul subit une punition. La jeune fille,
disaient-ils, est faible et ignorante, si l'homme ne l'attaquait jamais, elle songerait moins au mal. Ils réprouvaient d'autant plus
la séduction que chez eux le mariage, comme nous l'avons déjà
dit, ne comportait aucune difficulté préalable. Mariez-vous, ajou-
taient-ils, mais ne touchez pas au bien d'autrui.

Ce sont là, il faut en convenir, des leçons de morale pratique
qui ne seraient certainement déplacées nulle part.

Nous voici arrivés, TT∴ CC∴ FF∴, à la limite de notre étude
sur les femmes antéislamiques sans que nous ayons jamais eu
l'occasion de parler des ombres d'un tableau que je me suis pour-
tant efforcé de vous peindre sous les couleurs les plus vraies. Est-
ce à dire que rien n'était à reprendre dans cette organisation sociale qui semblerait parfaite, si la perfection était de ce monde.
Hélas ! il nous en faut rabattre et nous pourrons constater bien
des défaillances dans cet ensemble qui nous paraissait, il y a encore un instant, si harmonieux.

Des unions temporaires pour une période plus ou moins longue,
des répudiations trop souvent répétées et surtout la polygamie
enlevaient à la famille arabe la stabilité qui seule pouvait en assurer la durée. Enfin une coutume barbare que l'islamisme a eu
l'honneur d'abolir et dont je vous ai déjà dit quelques mots dans
ma dernière étude, contribuait à jeter le plus grand désarroi dans
la multiplication de la famille. Par une inconséquence dont la nature humaine est coutumière, les Arabes qui professaient pour la
femme un si grand respect avaient pour les filles qui leur naissaient la plus profonde aversion. Soit que le père qui s'attendait

à avoir un fils fût trompé dans son espérance, soit que sa pauvreté lui interdit d'avoir une bouche de plus à nourrir, soit encore qu'il ne voulût que des garçons ou que, par un sentiment de prudence prématurée, il désirât éviter à jamais le malheur d'être un jour déshonoré, dans le cas où sa fille serait prise et souillée par un ennemi, le père, dis-je, n'hésitait pas à vouer à la mort la plupart des filles qui lui naissaient, en les faisant enterrer vivantes.

Maintenant que j'ai essayé de faire revivre devant vous la femme idolâtre, nous allons, si vous le voulez, étudier ensemble ce qu'est devenue cette même femme sous le rude joug de l'islamisme qui l'a si bien annihilée qu'il ne m'en restera plus que peu de chose à dire.

Mahomet qui était un illettré et qui, par une exception bien rare chez ses contemporains, détestait de tout cœur la poésie, ne savait même pas déclamer un vers, sans en fausser la mesure. Cette ignorance l'avait exposé tout d'abord aux sarcasmes des poètes. Mahomet n'aurait, sans nul doute, prêté aucune attention à ces attaques si elles n'avaient visé que son peu de connaissance de la prosodie. Mais quand il s'aperçut que les épigrammes dont on l'accablait devenaient chaque jour plus cruelles et que, laissant sa personnalité de côté, elles s'en prenaient à son rôle de prophète qu'elles battaient en brèche et couvraient de ridicule, il comprit qu'il devenait urgent de réagir vigoureusement contre des tendances aussi dangereuses s'il ne voulait pas voir échouer piteusement sous les brocards la grande œuvre qu'il avait entreprise. Il entra donc en campagne contre ces ennemis redoutables qu'il ne parvint à subjuguer qu'après avoir écrasé leurs plus fidèles alliées et inspiratrices, je veux parler des femmes. Pour atteindre ce but, le prophète se trouva en présence de deux solutions. L'une, adoptée par l'Eglise catholique qui en a fait l'usage que vous savez, consistait à placer la femme sous la domination exclusive des prêtres. Mahomet rejeta pour plusieurs raisons cette solution. En premier lieu, la religion qu'il créait n'avait pas de clergé proprement dit qui pût s'opposer à toute tentative d'émancipation à mesure qu'elle se produirait. En second lieu, la femme arabe était encore trop profondément imbue de l'importance de son rôle social pour ne pas essayer de se débarrasser tôt ou tard des entraves apportées à sa liberté.

L'autre solution, plus conforme à son esprit dominateur, était de faire de la femme un être absolument nul qui ne servirait plus qu'au plaisir et à la reproduction. Tous ses efforts furent donc dirigés dans ce sens et on ne peut que constater, en le regrettant, qu'il n'y a que trop bien réussi.

Prenant d'abord à partie les poètes, il fait prononcer contre eux par Dieu lui-même dans le Coran ce jugement sévère : Vous dirai-je quels sont les hommes hantés et inspirés par les démons ? Ce sont les poètes qui ne savent dire que ce qu'ils ne font jamais.

Se retournant alors contre les femmes, il demande à la divinité, toujours empressée à lui répondre, de vouloir bien statuer sur leur sort. La voix d'en haut rend alors contre elles cette extraordinaire sentence qui suffirait à elle seule à nous expliquer la véritable cause de l'irrémédiable décadence dans laquelle se meurent les Etats mulsumans modernes : Les hommes, proclame-t-elle, sont supérieurs aux femmes à cause des qualités par lesquelles j'ai élevé ceux-là au-dessus de celles-ci. La femme est un être qui grandit dans les ornements et les parures et qui est toujours à disputer sans raison. Vous pourrez donc la réprimander et la battre à votre guise. Elle devra vivre sévèrement cloîtrée et ne prendra aucune part à votre existence extérieure. Il lui sera même interdit, à moins qu'elle ne soit fort âgée, d'aller à la mosquée. Ne lui confiez jamais aucun secret et écoutez encore moins ses conseils, car de sa nature elle est perfide et perverse. Souvenez-vous enfin toujours que la femme n'est et ne peut jamais être autre chose qu'un champ qu'il vous est loisible de labourer aussi souvent que vous le souhaiterez.

L'anathème divin ne tarda pas à porter ses fruits.

Une génération s'était à peine écoulée depuis l'introduction de l'Islamisme en Arabie que la femme avait déjà perdu toute considération et se trouvait reléguée à ses humiliantes fonctions de machine à plaisir. Doit-on en conclure qu'elle avait d'ores et déjà renoncé à jouer un rôle plus ou moins effacé dans la vie extérieure de son seigneur et maître. Certainement non ; seulement son influence, ne pouvant plus s'exercer au grand jour, était réduite à emprunter aux plus basses et plus détestables intrigues des moyens d'action qui lui permissent de peser sur les volontés de son mari. Le caractère peu avouable des intérêts qui mettaient en jeu de pareilles intrigues donnait le plus souvent à l'intervention de la femme les plus funestes résultats. Ceux-ci ne faisaient que confirmer les hommes dans la fâcheuse opinion qu'ils s'étaient formée de leurs compagnes et les engageaient à redoubler de vigilance et de sévérité à leur égard.

J'aurais voulu vous donner, au point de vue intellectuel, sur la femme mulsumane les mêmes détails que je vous ai fournis tout à l'heure sur la femme idolâtre. Mais que pourrais-je vous dire que vous n'ayez déjà lu cent fois.

La femme musulmane, profondément ignorante, ne sait rien, ne pense à rien de ce qui serait à même de vous intéresser et dussé-je vous raconter sur sa vie dans le harem, sa toilette ou sa nourriture, ses intrignes et ses rivalités des détails qui vous seraient peut-être inconnus, il me serait bien difficile de donner une âme à cette belle statue qui ne sait perdre son immobilité hiératique que pour s'élancer sur le mouchoir qu'un maître insolent lui jette dédaigneusement en passant.

Voyons maintenant quelle est sa situation au point de vue juridique. Elle est malheureusement et, quoi qu'on en ait pu dire, tout aussi inférieure que dans la vie sociale et ne saurait, en aucun cas, soutenir la comparaison avec celle de la femme française.

La femme arabe est partout et toujours subordonnée à l'homme.

Son témoignage n'a que la moitié de la valeur de celui d'un homme : ainsi sept femmes affirmeraient l'authenticité d'un fait que quatre hommes auraient intérêt à nier, c'est à ceux-ci que le tribunal s'en rapporterait.

Le mari reçoit le quart ou la moitié de la succession de sa femme, suivant qu'elle a laissé ou non des enfants. La femme, elle, ne peut, dans les mêmes cas prétendre qu'au huitième ou au quart des biens de son mari.

Un fils et une fille héritent de leur père ; le fils se voit allouer les deux tiers, la fille le tiers seulement de la succession paternelle.

Le prix du sang de la femme n'est que de la moitié de celui de l'homme.

C'est encore et toujours à l'homme que revient le privilège exclusif de prononcer le divorce ou la répudiation.

La femme arabe n'a même pas la faculté de refuser un mari qui lui déplaît, attendu que son père, ou son tuteur quand elle est orpheline, a le droit de lui imposer celui qu'il lui a choisi. C'est ainsi qu'on voit s'effectuer ces unions monstrueuses de vieillards de soixante ans épousant des petites filles de dix ans.

Voici, à présent, les avantages que, d'après certaines personnes, la musulmane trouverait dans le mariage.

Nous allons bien vite reconnaître, en examinant d'un peu près ces prétendus avantages qu'il faut en rabattre considérablement.

La femme garde son nom de famille, nous assure-t-on. Mais encore faudrait-il s'entendre sur les mots L'état civil n'existe pas chez les nations musulmanes vivant sous les lois du Coran. Il en résulte que l'usage des noms patronymiques n'a jamais été adopté par elles. On ne se sert que de simples prénoms suivis d'autres indiquant la filiation et on dit : Jean fils de Pierre fils de Paul ou bien Julie fille de Félix fils de Jacques et c'est tout. Il est évident que, dans ces conditions, Fatima fille de Hassan fils d'Ahmed qui épousera Ibrahim fils de Moustafa fils de Mohammed ne saurait porter d'autre nom que le sien qui, à proprement parler, n'est qu'un prénom. La femme française n'a jamais été dépossédée que je sache du droit de conserver le sien.

La femme arabe peut aussi, ajoute-t-on, plaider même contre son mari, sans aucune autorisation ; elle a l'administration et la jouissance de ses biens personnels et de plus, enfin, elle reçoit de son mari une dot.

En effet, celui-ci est tenu de lui verser, avant la consommation du mariage, une certaine somme. Mais que représente ce payement ? La jurisprudence musulmane a bien soin de nous l'indiquer en nous apprenant que le mariage a une stricte analogie avec une vente, c'est-à-dire qu'il comporte toutes les clauses obligatoires et rédhibitoires d'un marché. La femme, en se mariant, se vend à l'homme qui l'achète. Elle a donc le droit de se refuser à la consommation du mariage tant qu'elle n'a pas reçu la totalité du don nuptial, attendu que tout vendeur est en droit de ne livrer la marchandise vendue que lorsqu'il en a touché le prix.

Il semblerait donc tout naturel de voir la musulmane user comme elle l'entend du fruit qu'elle a retiré de la vente de son corps. Il est loin d'en être ainsi. Son mari peut l'empêcher d'aliéner les objets qu'elle a achetés du prix de sa dot. Bien plus il lui interdit de se défaire de plus du tiers des meubles ou immeubles qu'elle a acquis de ses biens personnels. En outre, quand, pour une cause quelconque, elle ne peut allaiter son enfant, elle est tenue de prendre une nourrice à ses frais ; quand elle est malade, le mari paye le médecin, mais non les médicaments. Enfin, c'est au mari seul, nous l'avons vu, qu'est réservé le privilège exclusif de prononcer ou décider la répudiation pour les motifs les plus futiles. Quant à la femme, elle ne peut obtenir sa liberté que si son propriétaire y consent. Etant donnée cette situation peu enviable, on le reconnaitra, il reste, il est vrai, à la femme le droit illusoire d'ester en justice même contre son mari.

Mais que devient cette pseudo-garantie quand la loi spécifie que la femme ne peut jamais agir personnellement et qu'elle doit toujours être représentée par un fondé de pouvoirs masculin. Puis, à la moindre velléité de résistance de sa part, le mari, armé de son autorité discrétionnaire, n'est-il pas à [illegible] [illegible] impitoyablement en l'accablant de mauvais traitements [illegible] par la législation ou en la jetant hors de chez lui co[illegible] animal rétif et vicieux.

Voilà, TT∴ CC∴ FF∴, ce que la volo[illegible] [illegible] seul homme, aveuglé par son fanatisme intransigeant et l'[illegible]voyance de sa politique égoïste a fait de la femme arabe. [illegible] que soient les légitimes revendications de sa congénère f[illegible], qui recevront un jour satisfaction, n'en doutons pas pou[r] [l'a]venir et la prospérité de notre cher pays, elle pou[illegible] [illegible] que sa situation n'a aucun rapport avec la triste des[tinée des fem]mes arabes.

Quant à nous, retenons de cette étude [illegible] [u]n double enseignement. Apprenons d'abord à respecter dans la [fe]mme l'éducatrice naturelle de nos enfants et mettons-la à même de remplir dignement ce glorieux rôle. Que l'instruction lui soit donnée sans compter et nous la verrons bientôt s'affranchir à tout jamais de l'asservissante tutelle dans laquelle une religion trop habile a su si longtemps la retenir.

Enseignons-lui à juger avec une saine critique les différentes manifestations de l'esprit religieux et montrons-lui les succès remportés chaque jour par la morale et la raison.

Mettons-la à même de gagner honorablement sa vie et laissons-la partager, quand elle s'en sentira la force, nos charges et nos honneurs.

Efforçons-nous enfin de justifier par nos exemples les conseils que nous leur donnerons et nous aurons ainsi, dans les limites de la perfectibilité humaine, accompli la part de travail qui nous incombe dans le grand mouvement qui nous entraîne vers le progrès.

⸎

Paris. — Imprimerie DOSMOND, 11, rue Pavée-au-Marais.